ConnectDoor –

Zugang zu Altersumkehr und Verjüngung

Inge Friedrich
Bernd Laudenbach

Bibliografische Information der Deutschen Nationalbibliothek. Die Deutsche Nationalbibliothek verzeichnet diese Publikation in der Deutschen Nationalbibliografie, detaillierte bibliografische Daten sind im Internet über http://dnb.dnb.de abrufbar.

Herstellung und Verlag

BoD – Books on Demand, Norderstedt

ISBN 9 783 755 729 709

Diese Informationen sind für Menschen,

- die bereit sind, Eigenverantwortung für Gesundheit, Fühlen, Denken und Handeln zu übernehmen,
- die Verbindungen zu inneren Realitäten und inneren Ursprüngen ihres Selbst hervorrufen möchten,
- die an Maßnahmen gegen die Versklavung des menschlichen Bewusstseins interessiert sind,
- die neugierig darauf sind, Unbekanntes für sich bekannt zu machen,
- die für sich selbst entscheiden wollen, welche Optionen für sie von Vorteil sind.

Inhaltsverzeichnis

Vorwort

In Wikipedia lesen wir:

Anti-Aging, auch Altersverhinderung, bezeichnet Maßnahmen, die zum Ziel haben, die Lebensqualität im Alter möglichst lange auf hohem Niveau zu erhalten und den biologischen Alterungsprozess hinauszuzögern, um damit die Lebenserwartung zu verlängern.

Verwendet wird dieser Begriff in der Medizin, von Ernährungswissenschaftlern, der Nahrungsergänzungsmittelindustrie, von Kosmetikherstellern und auch teilweise im Zusammenhang mit Schönheitsoperationen. Anti-Aging ist ein Marketingbegriff.

Anti-Aging unterscheidet sich von Rejuvenation, Verjüngung: Während Anti-Aging das Ziel hat, Alterungsprozesse zu verlangsamen, sollen diese durch Verjüngungsmaßnahmen zurückgesetzt werden.

Es gab in früheren Zeiten ein Bilderbuch, in dem oben in eine Kaffeemühle alte Frauen hineingingen und unten als junge Mädchen wieder herauskamen. In Wikipedia ist dies zu finden unter Altweibermühle.

Wir Cobimax-Anwender haben die Vorstellung, dass man einfach nur mit Sprache diese Verjüngung und Altersumkehr bewerkstelligen kann. Wie das gehen soll, beschreibe ich in diesem ConnectDoor-Taschenbuch.

So gehe ich auch auf die Communikations- und Therapiemethode Cobimax ein und beschreibe die Gehirnteile, mit deren Hilfe Cobimax funktioniert.

Cen-Tooh, der Therapeut

Bernd Laudenbach, COBIMAX-Initiator, und zwei andere Cobimax Ausgebildete steckten die Köpfe zusammen und fingen an, der Vision von einer anderen Dimension Gestalt zu geben. Heraus kam www.connectdoor.de, der Zugang zum Universum von mir, Cen-Tooh, dem kleinen Zauberer mit der dicken Knollennase. Zu mir kommen Besucher aus zahlreichen Universen, um Rat für die verschiedensten Probleme zu holen.

Bernd Laudenbach hat mich zum Leben erweckt und nun kann jeder Besucher direkt auf der Internetseite www.connectdoor.de meine „Zauberkräfte" in Anspruch nehmen. Hiermit hat nun auch jeder Mensch die Option, völlig eigenständig seine Anliegen zu bearbeiten.

Was passiert hier?

Menschliches Bewusstsein verbindet sich mit dem Internet. Hollywood hat skurrilste Science-Fiction-Abenteuer dieser Thematik auf die Leinwand gebracht.

Durch www.connectdoor.de betreten wir eine „innere Zauberwelt", die Dinge ermöglicht, die bisher nur im Kino und unserer Phantasie real waren.

Achtung! Diese Dimension sollte nur von mutigen Besuchern betreten werden!

In meinem Universum laufen die Uhren anders, hier herrscht eine andere Zeit.

Gedanken können sich blitzschnell verwirklichen. Hier kann scheinbar Unmögliches einfach möglich sein.

Habt den Mut und nutzt Eure Tollkühnheit, zusammen mit mir, dem Zauberer Cen-Tooh, Euer Leben neu zu begreifen.

Wie geht das?
www.connectdoor.de aufrufen, eintreten, nutzen und erleben! Es ist ein Service von www.cobimax.com. Auf verschiedenen Levels sind vorgefertigte Programme abrufbar. Das Level „Freie Themenwahl" bietet die Möglichkeit für alle Lebenslagen individuelle Themen selbst zu kreieren. Level A und Level N (Emotionales) sind kostenfrei, alle anderen Levels können über ein 30-Tage-Abo für nur 19,90 € genutzt werden. www.connectdoor.de gibt es in deutscher, englischer, spanischer und in russischer Sprache. Ich freue mich auf viele Besucher, auch von der Erde…

COBIMAX® macht's möglich!
Die „Communikations- Biologische Matrix", kurz „COBIMAX", wurde von Bernd Laudenbach im Jahr 1998 entwickelt. Es handelt sich hierbei um ein Kommunikations- und Therapieverfahren, das es ermöglicht, eine große Vielfalt an körperlichen sowie emotionalen Dysbalancen anzugehen. Ohne Hypnose, ohne Meditation, ohne maschinelle Hilfsmittel. Hier ist ein Weg zur Selbsthilfe und Selbstheilung offen. Denn genauso will COBIMAX verstanden werden: Das Wissen über die Krankheitsursache aus dem eigenen Kopf des Menschen, die heilende Kraft aus dem eigenen Körper, genau das ist der Schlüssel zum Erfolg dieser Therapie. Seit 2005 wird COBIMAX auch in Lehrgängen weitergegeben, zur Eigenanwendung oder zur Anwendung in der therapeutischen Praxis. Gemeinsam mit mir könnt Ihr in meinem Universum auf www.connectdoor.de, Freie Themenwahl, alle Themen bearbeiten, die ich in diesem Taschenbuch zusammengetragen habe.

Altweibermühle

Die **Altweibermühle** ist eine Variation des Jungbrunnen-Motivs. In ihr werden auf – üblicherweise nicht näher erläuterte – magische Weise alte wieder in junge Frauen verwandelt; es findet somit nur bedingt eine Transformation oder Metamorphose, also die Verleihung einer neuen physischen Gestalt, statt, sondern vielmehr die Wiederherstellung eines früheren Zustandes.

Um 1787 schrieb der fürstenbergische Schulvisitator Georg Anton Bredelin in Wolfach im Schwarzwald unter dem Titel „Die Weibermühle von Tripstrill" ein bis heute aufgeführtes bekanntes Fastnachtssingspiel. Es ist das älteste derzeit noch aufgeführte Fastnachtsspiel.

Die Handlung lässt sich in einen Prolog, sechs Szenen und einen Epilog gliedern. Nachdem der Müllermeister Cyprian seine Wundermühle angepriesen hat, bringen nacheinander fünf Männer – ein Weber, ein Schneider, ein Schuster, ein Bauer und ein Schreiber – ihre alten Weiber zur Mühle und klagen dem Müller ihr Leid, wobei sich gelegentlich auch der Hanswurst Stolprian mit spöttischen Kommentaren einmischt. Die alten Weiber landen trotz Gegenwehr in der Mühle. Bei jedem Mahlvorgang stimmt Cyprian sein Zauberlied an, damit die Verwandlung auch gelinge. Nach ihrer Verjüngung will nun das Weib nichts mehr von ihrem alt gebliebenen Mann wissen, der sich darum lebhaft beschwert, doch bleibt ihm nur der Spott des Müllermeisters oder Hanswursts für sein törichtes Handeln.

Nachdem der Hanswurst gesehen hat, wohin die Verjüngung der Weiber führt, bringt auch er sein Weib zur Mühle in der Hoffnung, dass dieses ihn danach verlassen werde, doch wendet sich das Schicksal gegen ihn.

Es folgen als Epilog drei Strophen, in denen die Männer, der Hanswurst und die Weiber ihre jeweils eigenen Schlüsse aus der Handlung ziehen.

So hatten die Menschen wohl schon früher den Wunsch nach Anti-Aging und Rejuvenation.

Reaktionen auf COBIMAX-Abfragen

Zahlreiche Abfragesätze stehen in diesem Taschenbuch zur Verfügung, mit denen wir aktiv die einzelnen Probleme angehen können. Wenn es dann zu Reaktionen kommt, wissen wir, dass dies ein relevantes Thema ist und vertieft werden sollte.

Es können je nach den Problemen vielfältige Reaktionen auftreten. Angefangen bei starker Müdigkeit bis hin zu mehrminütigem Tiefschlaf, häufiges und tiefes Gähnen, Ameisenkribbeln bis völlige Taubheitsgefühle einzelner Gliedmaßen, Blähgefühle im Bauchbereich, Wärme, Kälte, Schwindel, Kopfschmerzen, Migräne, völlige Schwere bis hin zu einem nicht mehr Anheben-Können einzelner Gliedmaßen. Organe können stark spürbar werden. Enge oder Kloßgefühl im Hals, ganze Wirbelsäulenabschnitte machen sich bemerkbar, deutliche Reaktionen im Herzbereich, Schwere und Enge in der Brust oder erschwertes Atmen bis hin zu Atemnot. Anvisierte Gefühle können in aller Deutlichkeit erlebt werden.

Die Skala der möglichen Reaktionen ist nach oben offen. Dies soll den Anwender nicht erschrecken, sondern nur darauf hinweisen, dass Stärke und Lokalisation der eintreffenden Reaktionen nicht immer den Erwartungen des Wachbewusstseins entsprechen.

Reaktionen zeigen auf erste Korrekturen der Problematik hin und sind nach kurzer Zeit wieder verschwunden.

Wer kein ausgebildeter Cobimax-Anwender ist, kann im Internet auf www.connectdoor.de mit dem kleinen Zauberer

Cen-Tooh arbeiten. Bei „Freie Themenwahl" steht er für alle Abfragen bereit. Folgt einfach seinen Anweisungen.

Hinweis: **Es sei hier darauf hingewiesen, dass diese Methode für den medizinischen Laien weder Arzt noch Heilpraktiker ersetzt und dass sie niemals zum Absetzen von Medikamenten auffordert.**

connectdoor

Wichtiger Hinweis!!!

Wenn der Mensch glaubt, durch einfaches Durchlesen der COBIMAX-Programme wäre die Korrektur schon angestoßen, muss ich ihn enttäuschen: Hier arbeitet das Gehirn nur in einem Frequenzbereich von etwa maximal 40 Hertz. Um aber genetische Programme zu löschen, benötigen wir eine Frequenz von etwa 3 Petahertz, das ist eine 3 mit 15 Nullen, also 3000000000000000 Hertz.

Wie kommen wir dort hin?
Durch Anschluss an Dynamische Intelligenz. Das bedeutet, dass unser Großhirn wieder Verbindung bekommt zu unserem Kleinhirn und unsere Gedanken auf 3 Petaherz bringen kann und so gelingt es uns, Zugriff auf die Frequenzen der genetischen Programme zu nehmen.

Jeder COBIMAX-Ausgebildete hat die Möglichkeit, über sein eigenes Kleinhirn Dynamische Intelligenz bei sich selbst oder bei jedem anderen Menschen anzuwenden, sogar bei Tieren oder Pflanzen.

Außerdem ist im Internet die Seite www.connectdoor.de so gestaltet, dass bei Druck auf die Knollennase von Cen-Tooh diese Verbindung kurzzeitig aufgebaut wird. Dort kann also jeder Mensch selbständig die Programme effektiv durcharbeiten.

Bernd Laudenbach erzählt

Unser Anti-Aging-Programm beinhaltet über 200 Abfragen. Wenn wir davon ausgehen, dass wir pro Tag nicht mehr als 30 Abfragen bearbeiten sollten und dann die Abfragen, auf die wir reagieren, auch noch mehrmals wiederholen, dann dauert das seine Zeit, bis wir mit diesen Programmen fertig sind und sich Verbesserungen zeigen.

So verwundert es nicht, dass so mancher Cobimax-Anwender fragt: „Alles, was wir mit Cobimax machen, geht das nicht einfacher, schneller?"

Natürlich mache ich mir darüber Gedanken, aber das, was ich bisher be- und erarbeitet habe, hat mir immer ganz deutliche Hinweise gegeben, dass, je differenzierter und genauer ich ein Problem cobimaxmäßig verstehe, umso größer die Ausbeute der Besserung, der Linderung des Problems, d.h. ich habe Programme bis ins Feinsäuberlichste ausgearbeitet.

Alles, was ich als ein Programm geschrieben habe, wird in etwa ein Viertel, maximal ein Drittel spürbar sein, da für ein Thema verschiedene Ankerpunkte vorhanden sind.

Gehirnteile

Orchestrierte Objektive Reduktion

Die physikalische Ebene wird in der Sekunde 42 x immer wieder neu aufgebaut. Euer physischer Körper wird in der Sekunde 42 mal immer wieder neu aufgebaut. Quantenphysiker wie Stuart Hameroff und Roger Penrose sagen, dass unsere Realität über sogenannte Mikrotubuli permanent aufgebaut wird und wieder zerfällt. Dieser Vorgang nennt sich OOR, Orchestrierte Objektive Reduktion. Diesen Vorgang macht sich Cobimax zu nutze.

Das Kleinhirnbewusstsein überprüft 42 x in der Sekunde den Inhalt des Großhirns, alles was Ihr von Euch denkt, alles was Ihr glaubt. Wenn Ihr dran glaubt, dass Ihr ein Magengeschwür habt, dann wird das 42 x in der Sekunde aufgebaut, wenn Ihr glaubt, dass Ihr Bakterien habt, dann wird das 42 x in der Sekunde aufgebaut. Der Bauplan, um neu zu erschaffen, ist schlichtweg das, was Ihr im Großhirn gespeichert habt. Wir können jetzt mit Cobimax, d.h. wenn wir Anschluss haben an das Kleinhirnbewusstsein, in einer zweiundvierzigstel Sekunde ein neues Programm in das Großhirn einsetzen.

Cobimaximierung

Cobimaximierungen sind von mir in die Zukunft willentlich projizierte Bestimmungen, nach deren Vergangenheit ich hier und jetzt meine Gegenwart erzeuge und erlebe.

Das Kleinhirn

Dieses Kleinhirnbewusstsein, das Ihr hier in Eurem eigenen Dickschädel drin tragt, dieses Kleinhirnbewusstsein ist etwas Gigantisches, und Ihr habt Macht, das könnt Ihr Euch nicht vorstellen.

Über unser Wachbewusstsein definieren wir unsere Persönlichkeit, unsere Ich-Persönlichkeit. Also das heißt, hier im Großhirnbewusstsein sind wir alle verschieden, der Inhalt und die Fähigkeit dieses Kleinhirns ist aber in knapp acht

Milliarden Menschen überall exakt das Gleiche.

Menschen sind schon immer, von Geburt an, verlinkt und vernetzt untereinander über dieses Kleinhirnbewusstsein. Dieses Kleinhirnbewusstsein zeichnet jeden Gedanken auf, jedes Gefühl, alles, was je gedacht, alles, was Ihr je gedacht habt und übermittelt es an den Rest der gesamten Menschheit, d.h. an etwa acht Milliarden Menschen. Es werden alle Informationen ständig ausgetauscht.

Das ist unvorstellbar. Ihr glaubt, das kann Euer Gehirn nicht? Das Kleinhirn kann es. Und wir können Technologien, alles Mögliche, vom Kleinhirn nach oben zum Großhirn herunterladen.

Was COBIMAX macht: Wir holen Wissen vom Kleinhirn ins Großhirn, können das aber nicht in einem kompletten Komplex herunterladen, denn Ihr würdet wahnsinnig werden, Ihr würdet umfallen und nie mehr aufstehen. Deswegen macht COBIMAX folgendes: Es lädt selektiv Dinge, die wir haben wollen, hier hoch ins Großhirn und lässt sie hier zur Realität werden in unserem physischen Körper.

Das Kleinhirnbewusstsein ist ein autonomes Bewusstsein. Es ist ein absolut objektives, nicht-emotionales Bewusstsein. Es ist nicht subjektiv.

Subjektiv ist dieses Großhirn-Bewusstsein, denn es ist emotional, es ist ja auch richtig so, aber Ihr könnt nicht, entweder durch Vorsatz, ungewollt oder durch Dummheit vorsätzlich oder nicht vorsätzlich einen anderen Menschen mit dieser Methode verletzen. Dies ist nicht möglich.

Bevor ich andere Menschen damit ausgebildet habe, hab ich erst mal probiert, kann ich Tiere schädigen, kann ich mich selbst schädigen, kann ich Menschen schädigen, kann ich andere Menschen krank machen, kann ich Tiere töten, kann ich andere Menschen töten Und da die alle noch leben: Ich kann ihnen nichts anhaben. :o) Unter größtem emotionalen Stress, richtig zornig hab ich Leute behandelt. Es kam dort alles ganz normal an.

Wir arbeiten mit dem Bewusstsein des Kleinhirns, das jegliche destruktive Emotionen aus dem Programm herausnimmt. Wir haben Glacé- Handschuhe an, wir sind chirurgisch clean und wenn Ihr mit jemandem cobimaxmäßig arbeitet, kommt von unserem subjektiven Gedanken – und Emotionsgut dort nichts an und das ist sehr wichtig. Sonst würde ich Cobimax nicht lehren und nicht weitergeben.

Noch einmal: Dieses Kleinhirn-Bewusstsein sieht jeden einzelnen Menschen als eine Zelle seines Körpers. Nun stellt Euch einmal vor, was das für ein gigantisches Bewusstsein sein muss, was jedem Menschen zwar die Freiheit gibt, zu machen, zu tun, was er will, aber er ist trotzdem verlinkt mit allen Menschen. Und wir sind es, sonst würden wir keinen Zugang bekommen. Das Verrückte ist ja, wer von mir Zugang bekommt, ist in diesem humanen Netz drin, es umspannt alle Menschen.

Wir machen jetzt noch eine kleine Erweiterung der Aussage, dass es Euch jetzt den FI-Schalter oben raus haut, nämlich folgendes:
Dieses Kleinhirnbewusstsein arbeitet in einer anderen Frequenz. Folglich läuft hier die Zeit auch schneller ab. In Eurem Bewusstsein im Kleinhirn existieren alle Menschen gleichzeitig. Sie sind gleichzeitig tot und gleichzeitig am Leben.
Oftmals kommen Leute zu uns, die haben genetisch ererbte Erkrankungen, ADS, ADHS sind solche speziellen Erkrankungen, an die wir herangehen mit recht gutem Erfolg.
Wenn einem Vorfahren, männlich oder weiblich, etwas schlimmes Emotionales widerfahren ist, dieses Ereignis genetisch gespeichert wurde und genetisch weitergereicht

wurde durch die Generationen, so mag dieser Mensch aus unserer Sicht, aus der Sicht unseres Großhirnbewusstseins, tot sein, im Kleinhirnbewusstsein existiert er immer noch.

Wir gehen vom Großhirnbewusstsein aus mit einer verbalen Menüführung und geben dem Kleinhirnbewusstsein den Auftrag, die Person, der gerade dies oder jenes widerfahren ist, zu suchen und dort das entsprechende Thema zu korrigieren. Die Person, die noch lebt und gerade vor mir sitzt, die ich jetzt gar nicht namentlich benannt habe, hat die heftigsten Reaktionen, weil ich einen Vorfahr von ihr gerade anspreche. Das hört sich wirklich abgefahren an, es funktioniert aber. Wir haben Zugang dazu.

Dieses Kleinhirn bietet Optionen und Möglichkeiten, die gehen ins Phantastische hinein, aber stellt Euch vor, was das alles machen kann. Dieses Kleinhirn ist bei Euch allen, überall, das Gleiche, besitzt die Möglichkeit und Fähigkeit alle Lebewesen miteinander zu vernetzen und dort Einfluss darauf zu nehmen. Deswegen heißt COBIMAX nicht nur Therapieverfahren, sondern Kommunikations- und Therapieverfahren.

Das ist nichts neu Entwickeltes, sondern etwas, womit wir auf die Welt kamen und leider auf Grund der Unwissenheit, wir haben leider recht viel Unwissenheit, ging in der Biologie viel Wissen verloren.

Das Kleinhirn hat Zugang und Zugriff auf die Steuerung des UV-Lichtes in unserem Körper. Und die Frequenz dieses Ultraviolett – Lichtes ist der Bauplan Eurer Mikrotubuli. Die Frequenz dieses Lichtes lässt beispielsweise diese Mikrotubuli in einer bestimmten Frequenz oszillieren, schwingen.
Wir brauchen für COBIMAX alle drei Gehirnteile, Großhirn, Mittelhirn und Kleinhirn.

Im Großhirn wird nur Menüführung oder Befehlsgebung ausgeführt, aber ganz andere Gehirnteile werden durch

COBIMAX aktiv.

Statische Intelligenz

Dieses Gehirnteil, rechte und linke Gehirnhälfte, hat die Aufgabe, dass es das Überleben unseres physischen Körpers auf dieser Ebene, dieser Zeitebene sichert. Die primäre Aufgabe ist also aufzupassen, ob wir genug zu essen haben, zu trinken, komme ich nicht in eine Schlägerei, gehe ich da jetzt nicht über die Straße, wenn da drei LKWs kommen, habe ich meine Rechnungen bezahlt, dafür ist das Großhirn zuständig und absolut notwendig.

Unser Ich-Bewusstsein hat es gelernt, dass wir uns reduzieren, unser Ich reduzieren ausschließlich auf dieses Gehirnteil. Das mag o.k. sein, aber das ist nicht die ganze Welt. Es gibt noch wesentlich mehr.

Benennen wir jetzt mal das Großhirn als Statische Intelligenz. Dieses Gehirn besitzt nur die Fähigkeit, die Kapazität, eigene nichtautonome Abläufe vorwiegend zu steuern, mein Sprechen, meine Sinne kann ich steuern z.T., wenn ich will, meine Bewegungen, aber mehr kann ich nicht machen. Wenn ich im Äußeren etwas tun will, muss ich Anweisungen geben, d.h. diese Intelligenzform ist im Großhirn gefangen, sie kann nicht nach außen. Hier geht's maximal bis an die „Nussschale" und dann geht's wieder zurück.

Das Kleinhirn benennen wir als Dynamische Intelligenz. Diese Intelligenzform hat keine Absperrung. Diese Intelligenzform hat die Möglichkeit überall hin auszutreten, und kann das über bestimmte Sende- und Empfangsteile machen, hier im Mittelhirnbereich liegt die Hypophyse und diese besitzt die Fähigkeit, elektromagnetische Wellenlängen zu erzeugen, die zielgerichtet auf eine Person zu lenken, wobei wir im Äußeren noch nicht einmal wissen, wo sich diese Person gerade aufhält.

Stirnlappen

Die primäre Kommunikationsmethode, wie unterschiedliche Gehirnteile miteinander kommunizieren, verläuft über Bilder. Wenn ich mich mit Euch unterhalte, versteht Ihr mich, wenn wir die deutsche Sprache sprechen, weil wir uns auf Begriffe wie Stuhl, Tisch etc. geeinigt haben. Laute werden zu Bausteinen für Wörter und Sätze. Auch wenn das Wort gehört wird, habt Ihr von diesem Gegenstand eine Vorstellung, ein Bild.

Für jedes Wort und für jeden Satz im Zusammenhang habt Ihr synaptische Verbindungen, habt Ihr unendlich viel Information. Diese Information könnt Ihr auch nur verstehen, weil all dies zu Bildern im Stirnlappen des Großhirns geformt wird.

Ich wollte eine Sprache finden, die alle Menschen gleichsam verstehen können. Das wollte ich schon seit meinem neunten Lebensjahr.
Es musste eine Kommunikationsform geben, die alle Menschen miteinander vernetzt, egal welche Sprache sie sprechen. Es gibt sie schon immer, nur sind wir aufgrund spiritueller Kurzsichtigkeit nie darauf gestoßen, wie einfach das Ganze funktioniert.

Verbalkommunikation, so wie wir sie nutzen die ganze Zeit, funktioniert ganz einfach. Ich spreche ein Wort aus, Ihr versteht das Wort, weil Ihr die gleiche Sprache gelernt habt und weil wir die gleiche Sprache nutzen. Dieses Wort, was ich ausspreche, kommt bei Euch im Ohr an als akustisches Signal , wird umgewandelt in ein elektrisches Signal und dieses wird aufgrund der Verknüpfungen, alles was Ihr gesammelt, was Ihr je gelernt, gesehen, empfunden habt, gleichsam verbunden mit dem Stirnlappen.

Euer Stirnlappen ist etwas, was uns von den Affen unterscheidet. Es ist ein bildgebendes Gehirnteil. Hier wird alles, was ich zu Euch spreche in Bilder umgeformt, deswegen könnt Ihr mich verstehen. Deshalb funktioniert Sprache, weil wir einen Stirnlappen haben.

Die wichtigsten Punkte sind, Cobimax machen zu können, dass wir den Zugang zu unserem Kleinhirn- Bewusstsein haben und dass wir diesen Stirnlappen haben.

Der Stirnlappen visualisiert Gesprochenes. Er ist dafür da, dass wir überhaupt erst einmal Sprache umsetzen können, dass ihr versteht, was ich sage. Das bedeutet, ich stoße Worte aus. Wir haben uns auf die deutsche Sprache geeinigt. Und es führt entsprechend der deutschen Sprache, die wir alle sprechen, zu entsprechenden Bildern im Stirnlappen. Das ist das normale Sprechen.

Durch das Cobimaximieren habe ich euch dazu verholfen, dass diese Bilder hier nicht nur im sichtbaren-Licht-Bereich gebildet werden, sondern gleichzeitig auch im ultravioletten-Licht-frequenten Bereich. Das Kleinhirn und die Thymusdrüse, das Kleinhirn und die Seele, diese beiden Bewusstseinsformen arbeiten, agieren, operieren im UV-Licht-Frequenzbereich, im Bereich UVA bis UVC. Das heißt, wenn wir Dinge aussprechen, werden sie nicht nur im sichtbaren Frequenzbereich, sondern gleichzeitig im UV-Licht Bereich erzeugt. Und so sieht euer Kleinhirn-Bewusstsein und eure Seele, die in diesem UV-Licht-Bewusstsein arbeiten, permanent, was ihr mögt, was ihr liebt, was ihr haben wollt.

Der Stirnlappen ist dazu da, Bilder aus den elektrischen Signalen entstehen zu lassen. Alles was ich ausspreche, lässt bei Euch sofort Bilder im Stirnlappen entstehen. Deswegen ist Sprache verständlich. Ihr könnt mich verstehen, weil Euer Gehirn bei jedem Wort und bei jedem Satz, den ich ausspreche, sofort Bilder in den Stirnlappen hinein feuert, die Ihr dann aus eurer persönlichen Sicht sofort vergleicht. Primär läuft die Kommunikation über Bilder, die Sprache ist nur ein

Transportmittel.

In Eurem Stirnlappen sitzt auch das, was Ihr braucht, was aber bei den meisten Menschen abgeebbt ist, nämlich die Phantasie. Ihr könnt euch Dinge vorstellen. Die persönliche Phantasie, so wie Ihr sie nutzt, sitzt in Eurem Stirnlappen. Das Kleinhirnbewusstsein kann nicht unterscheiden, was im Äußeren Realität ist oder was Ihr Euch vorstellt.

Das, was Ihr imaginiert, Euch vorstellt, ist das, was der Stirnlappen als äußere Realität sieht und er versucht, das was Ihr Euch vorstellt, auch immer wieder für Euch hervorzurufen.

Mit Hilfe von Cobimax wird Sprache direkt in das Kleinhirn geleitet, was seine eigenen Bilder in den Stirnlappen feuert. Ihr nutzt Sprache bisher wie eine Platzpatrone, aber wenn Ihr Zugang zum Kleinhirn habt, dann sind Worte zielgerichtete wirksame „Scharf-Schüsse" und haben direkte korrigierende Auswirkung auf den biologischen Organismus.

Pinolin

Wenn Ihr abends ins Bett geht, spätestens um halb zwölf, und Ihr macht die Augen zu, dann beginnt Eure Epiphyse und Teile Eurer Augen Serotonin, das Wachhormon oder Wach-Neurotransmitter umzuwandeln in Melatonin. Zwei bis zweieinhalb Stunden Vorlaufzeit braucht Melatonin um in die eigentlich wichtige Kommunikationsdroge umgewandelt zu werden, und das ist Pinolin. Pinolin ist relativ unbekannt, aber Pinolin beginnt dann, wenn Ihr schlaft, wenn Ihr im Tiefschlaf seid, im sog. Rapid-Eye-Movement-Schlaf, und zwar exakt zwischen halb zwei und drei Uhr schlaft, Winterzeit, das Großhirn zu überschwemmen. Das Großhirnbewusstsein wird also in Pinolin eingetaucht, eingehüllt , aus dem Grund, dass Euer Kleinhirnbewusstsein elektrische Signale ins Großhirn sendet, die verstanden werden müssen. Pinolin wandelt elektrische Signale um in bildgebende Signale. Ihr nennt das schlichtweg einfach „Traum". Die Träume exakt in der Zeit zwischen halb zwei und drei Uhr haben unwahrscheinliche physische wie psychische Korrekturaufgaben. Wenn wir mit Cobimax arbeiten, dürfte den meisten schon aufgefallen sein, dass mindestens die Hälfte aller Reaktionen ein häufiges Gähnen ist, weil hierbei im Wachzustand sehr viel Pinolin ausgestoßen wird. Das Interessante dabei ist, wenn wir mit Cobimax arbeiten, müssen andere Menschen, die den Gähnenden beobachten, nicht reflektorisch mitgähnen.

Unser Kleinhirn hat also auch einen eigenen Zugang, seine eigene Kommunikationsform zum Stirnlappen. Es kann über das Großhirn Bilder zum Stirnlappen aufbauen, es muss aber nicht über das Großhirn gehen.

Bilder

Wir Cobimax-Anwender sagen beispielsweise jetzt: Magenschleimhautentzündung. Mehr müssen wir gar nicht sagen, dann bedeutet das, wir schicken das Bild ans Kleinhirn, dieses überprüft, ob eine Magenschleimhautentzündung vorhanden ist. Wenn dies der Fall ist, setzt das Kleinhirn über unseren Stirnlappen ein Bild ein, im Wachbewusstsein, dass keine Magenschleimhautentzündung vorhanden ist. Es werden einfach nur Bilder ausgetauscht.

Die Pixel, die das Kleinhirn hochschickt, sind wesentlich höher und feiner, als das was unser Wachbewusstsein an den Stirnlappen schickt.

Wir haben also zwei unterschiedliche Gehirnteile, die den Stirnlappen bedienen können und die Realität im Wachbewusstsein erzeugen können. Das Wachbewusstsein selbst erzeugt Realität, indem es Wahrnehmungen macht, Erfahrungen macht, die über den Stirnlappen gespeichert werden. Das Kleinhirnbewusstsein selbst kann aber über das, was im Großhirn gespeichert ist, neue Bilder über Eure Vergangenheit legen. Ihr sagt, ja das ist mir doch in meiner Vergangenheit passiert, dann sag ich, ja, das stimmt, aber wenn du daran festhältst, weil du glaubst, es müsse so sein, dann ist es nun mal so. Aber Ihr habt über Euer eigenes Kleinhirnbewusstsein die Möglichkeit Vergangenheit, Zukunft, alles Mögliche zu verändern.

Vergangenheit und Zukunft

Noch einmal zu Eurem Kleinhirnbewusstsein: Es lebt in einer völlig anderen Zeit. Für Euer Kleinhirnbewusstsein sind alle Menschen zur gleichen Zeit am Leben und zur gleichen Zeit tot. Vergangenheit ist nicht zwingend statisch. Durch unsere Methode besitzen wir die Fähigkeit Vergangenheit zu verändern.

Wir können Technologie in unser Wachbewusstsein herunterladen aus der Zukunft, wir können danach fragen. Bekomme ich irgendetwas herein, was die Technologie der Zukunft ist, irgendwelche Energiesparmaschinen oder irgendwelche Heilungsmechanismen aus der Zukunft oder aus der Vergangenheit, kann ich das nutzen. Das Kleinhirnbewusstsein besitzt diese Fähigkeit.

Papyrus Ebers

Wir haben in unserem Lehrgangsordner unter Cobimax-Apotheke eine Auflistung altägyptischer Medizin, die bis zu 13000 Jahre zurückliegt in unserer Vorzeit. Es sind Kräutermischungen benannt über Pflanzen, die heute überhaupt nicht mehr existieren. Wissenschaftler, die sich damit befassen, haben festgestellt, dass sie diese Mischungen nicht mehr herstellen können, da die Pflanzen ausgestorben sind. Irgendein damaliger Mediziner oder Heiler hat diese Mixturen niedergeschrieben in den sog. Papyri, z.B. Papyrus Ebers hat über 800 verschiedene Kräutermixturen für die unterschiedlichsten Erkrankungen, z.B. die Rezeptur Numero 477 bei Leberleiden. Teile dieser Leberkräuter sind nicht mehr alle verfügbar, weil die Pflanzen, die es damals gab, heute ausgestorben sind.

In Papyrus Ebers ist ein Programm zur Hautstraffung, Hauterneuerung, Faltenglättung aufgeschrieben.

Wir benennen nun Papyrus Ebers Rezeptur Numero 713, 714, ... und zählen durch bis 721. Wenn wir nur 713 bis 721 sagen, dann nimmt das Kleinhirnbewusstsein nur die erste und letzte Zahl zur Programmierung und so fehlen uns die Stoffe von 714 bis 720.

Elektronendifferenzierung

Aber Euer Kleinhirnbewusstsein kann an dem Menschen, der das aufgeschrieben hat, einfach andocken und stellt diese Mixtur bei Euch über Eure Mikrotubuli im wahrsten Sinne des Wortes zur Verfügung und wir können Stoffe, die wir vorher nicht im Körper hatten, über das Kleinhirn herstellen lassen durch eine sogenannte Elektronendifferenzierung.

Innen und außen an den Wänden der Mikrotubuli befinden sich freie Elektronen, die je nach Benennung durch Zufügen oder Wegnehmen jeweils jedes Kraut, jedes Mittel, jeden Stoff, jede Substanz herstellen.

Das Kleinhirn hat sehr viele Fähigkeiten. Außer Zeit zu manipulieren hat es die Fähigkeit, Stoffe umzuwandeln, Mikroben zu eliminieren, neue Zellen wachsen zu lassen.

Wenn Ihr Zugang zu Eurem Kleinhirnbewusstsein habt, habt Ihr automatisch den Schlüssel zu jedem anderen Menschen. Nicht nur zu jedem Menschen, auf Tiere und auf Pflanzen wirken wir genauso ein.

Anunnaki und Nibiru

Aus Wikipedia:

Zecharia Sitchin behauptete in seinen Büchern, dass er durch die Übersetzung von sumerischen Keilschrift-Texten herausgefunden habe, dass in vorgeschichtlicher Zeit außerirdische Intelligenzen, die Anunnaki, die von Nibiru, einem hypothetischen zwölften Planeten, stammen, die Erde kolonisiert und den Menschen als Arbeitssklaven erschaffen hätten. Der Mensch habe im Auftrag dieser Lebensform vor allem Arbeiten in Bergwerken, in denen vor allem Gold abgebaut wurde, verrichten müssen. Die Außerirdischen hätten vor 432.000 Jahren die Erde wegen Umweltproblemen auf ihrem Heimatplaneten aufgesucht, wobei die Pyramiden in Ägypten als Landehilfen gedient hätten. Zudem hätten sich die Anunnaki mit menschlichen Frauen vermischt und vermehrt. Vor 13.000 Jahren schließlich hätte eine große Flut zahllose Menschen getötet, worauf es zu Kriegen zwischen den Menschen und den Außerirdischen gekommen sei.

Zecharia Sitchin veröffentlichte 13 Bücher, die in 25 Sprachen übersetzt wurden.

Unsere Cobimax-Abfragen:

1. Ich bin schon immer die Zellrejuvenationsgenetik & das etablierte Neocortex-Zellverjüngungsprogramm des Anunaki Anu/ des Gottes Anu
2. Meine Omni-helikal-zentralen Röhren erzeugen schon immer die zellverjüngende Nibiru-Gravitationskraft und Nibiru-Rotationskraft und Nibiru-Orbitierungskraft.
3. Auf mich wirkt schon immer die zellverjüngende Nibiru-Gravitation & Nibiru-Rotation
4. Ich bin schon immer die rotierende Massenträgheitskraft des Nibiru

Das Gilgamesch-Epos

Das Epos kreist unter anderem um die Sterblichkeit der Menschen und den Versuch Gilgameschs, ihr zu entrinnen. In seiner Trauer um Enkidu führt ihn die Suche nach einer Möglichkeit, dem Tod zu entrinnen zu dem Weisen Utnapischtim.

Der babylonische Noah rettete die Menschheit vor der Sintflut und wurde von den Göttern mit Unsterblichkeit belohnt. Doch Utnapischtim sagt Gilgamesch, dass das ein Einzelfall war. Wenn er weiterleben wolle, so könne das nur im Andenken der Menschen geschehen. Er solle sich als König um die Benachteiligten kümmern. Schließlich hat Utnapischtim doch Mitleid mit Gilgamesch und schenkt ihm das Kraut des Lebens, das Gilgamesch aber verliert.

Im Gilgamesch-Epos (Übersetzung von Hermann Ranke) heißt die Pflanze: „Als Greis wird der Mensch wieder jung"

COBIMAX-Abfragen:

1. Telomer-Verlängerung durch die Pflanze "Mann (Frau ?)-im-Alter-wieder-jung", so heißt die Pflanze; Plus Egomodifizierung der Mann(Frau)im-Alter-wieder-jung-Pflanze.

2. Die Telomere all meiner Chromosomen sind schon immer von physiologischer jugendlicher Länge.

3. Meine Telomerase-Synthese ist schon immer von jugendlichster Funktion.

4. Mein Telomerase-Enzym ist schon immer von bester jugendlicher Qualität & Quantität.

5. Ein Geschenk Enkis, mit Enlils Segen, wurde sie Ziusudra und seiner Gattin auf dem Berg der Errettung gewährt.

6. "Utnapischtim´s lebensverlängernde Pflanze"

7. Ich bin schon immer die perfekte Mann(Frau)-im-Alter-
wieder-jung-Pflanzen-Wirkung des Ziusudra.

8. In mir ist schon immer die perfekte Mann(Frau)-im-Alter-
wieder-jung-Pflanzen-Wirkung des Ziusudra.

9. Die extrahierte Lebenskraft der ewig jungen Natur, meinem
Organismus schon immer auf die richtige Art zugeführt, lässt
meinen Neocortex, meinen emotional-physischen Körper, all
seine Zellen und deren Genetik kein Alter mehr kennen.

Nofretete

Cobimax-Abfrage:

Nofretete – Zur Verjüngung und Straffung meiner
Gesichtshaut und meiner gesamten Körperhaut
kontaktiere ich Nofretete. Ich danke Nofretete für die
Verjüngung und Straffung meiner Gesichtshaut und
meiner gesamten Körperhaut.

Aphrodite

COBIMAX-Abfrage:

Aphrodite – Zur Verjüngung und Straffung meiner
Gesichtshaut und meiner gesamten Körperhaut
kontaktiere ich Aphrodite. Ich danke Aphrodite für die
Verjüngung und Straffung meiner Gesichtshaut und
meiner gesamten Körperhaut.

Planetenenergie

COBIMAX-Abfragen:

1. Terra true north justierte intrazelluläre Pyramiden-
Zellverjüngungs-Befeuerung durch Terra orbitierende
Energiefelder und Energiegürtel
2. Luna true north justierte intrazelluläre Pyramiden-
Zellverjüngungs-Befeuerung durch Luna orbitierende
Energiefelder und Energiegürtel
3. Solar true north justierte intrazelluläre Pyramiden-
Zellverjüngungs - Befeuerung durch Solar orbitierende
Energiefelder und Energiegürtel
4. Nibiru true north justierte intrazelluläre Pyramiden-
Zellverjüngungs -Befeuerung durch Nibiru orbitierende
Energiefelder und Energiegürtel
5. Sirius A true north justierte intrazelluläre Pyramiden-
Zellverjüngungs -Befeuerung durch Sirius A
orbitierende Energiefelder und Energiegürtel

Telomere

Aus Wikipedia:
Jede Zelle enthält einen Chromosomensatz, in dem ein Großteil der Erbinformation in Form von DNA gespeichert ist. Diese Information muss geschützt werden, damit die ordnungsgemäße Funktion der Zelle erhalten bleibt. Dabei übernehmen die Enden der Chromosomen, die Telomere, eine wichtige Rolle und schützen die chromosomale DNA vor Abbau. Man kann sich Telomere wie die Plastikkappen an Schnürsenkeln vorstellen. Ohne diese Kappen fransen die Enden aus, und schließlich kann der ganze Schnürsenkel seine Funktion nicht mehr erfüllen.
In der Wissenschaft ist bekannt, dass Telomere mit jeder Zellteilung kürzer werden und schließlich so weit verkürzt sind, dass sie die Chromosomen nicht mehr schützen können. Die ungeschützten Chromosomenenden senden Signale aus, die dafür sorgen, dass sich die Zelle nicht mehr teilt.

COBIMAX-Abfragen:

1. emotional signierte, Folie-à-deux signierte, PFG-signierte Telomerase-Antigene
2. emotional signierte, Folie-à-deux signierte, PFG-signierte Telomer-Antigene
3. emotional signierte, Folie-à-deux signierte, PFG-signierte Telomerase- und/oder Telomer-Antikörper
4. intellektuel signierte Telomerase-Antigene
5. intellektuel signierte Telomer-Antigene
6. intellektuel signierte Telomerase- und/oder Telomer-Antikörper
7. Durch Emotionszähler verkürzte Telomere
8. Terra-Loxodrom justierte intrazellulare Pyramidenbefeuerung zur wieder jugendlichen Verlängerung meiner Telomere
9. Die Telomere all meiner Chromosomen sind schon

immer von physiologischer jugendlicher Länge
10. Meine Telomerase-Synthese ist schon immer von jugendlichster Funktion
11. Mein Telomerase-Enzym ist schon immer von bester jugendlicher Qualität & Quantität
12. Stolz - beschleunigter Alterungsprozess
13. Erlerntes Altern
14. Programmiertes Altern
15. ACTH (Adrenocorticotropes Hormon) beschleunigte Zellalterung
16. ACTH modifizierte Telomerase
17. Testosteron modifizierte Telomerase
18. Testosteron modifizierte/verkürzte Telomere
19. Östrogen modifizierte Telomerase
20. Östrogen modifizierte/verkürzte Telomere
21. sexueller Stress, testosteroner Stress, östrogener Stress
22. Altersumkehr in die Verjüngung hinein
23. Zellalterung und Zellerkrankung durch mangelnde NEUE informatorische Substanzen

Thymusdrüse

COBIMAX-Abfragen:

1. Bau+Funktion meiner Thymusdrüse und alle pathologischen Veränderungen auf oder durch meine Thymusdrüse
2. Qualität, Quantität und Aktivität der Anti-Alterungs-Hormone meiner Thymusdrüse
3. B+F Lobuli thymici Rinde
4. B+F Lobuli thymici Mark
5. B+F Hassall-Körperchen
6. QQA Thymozyten (Prä-T-Lymphozyten)
7. Infantile Thymozyten
8. QQA T-Lymphozyten
9. Blut-Thymus-Schranke
10. Funktionstüchtige Lymphozyten-Klone erkennen körpereigene MHC-Moleküle (Hauptgewebeverträglichkeitskomplex) Major Histocompatibility Complex umfasst eine Gruppe von Genen, die Proteine codieren für die Immunerkennung
11. Positive Selektion von Lymphozyten-Klonen
12. Negative Selektion von Lymphozyten-Klonen
13. Bursaäquivalentes Organ
14. B+F meiner Lymphknoten
15. B+F meiner Lymphbahnen
16. QQA meiner Lymphflüssigkeit
17. Lymphvasomotorik
18. Lymphstau
19. B+F meiner Milz
20. QQA Thymuspeptide, wenn Reaktion weiter mit:
21QQA Thymomodulin
22. QQA Thymostimulin (TP-1)
23. QQA Thymopentin (TP-5)
24. QQA Thymus-Serum-Faktor (THF)
25. QQA Thymosin alpha 1 >>>> Heilmittel
26. QQA Thymosin beta

Kopfhaarausfall

27. Thymuskin für Kopfhaarwachstum , Shampoo
28. GKL-02 (Nachbildung eines Kalbsthymus-Hydrolysats)
29. Diejenigen Enzyme, die an Haarausfall beteiligt sind
30. Schädliches DHT (Dihydrotestosteron)
31. Ursache Absterben von Haarfollikelzellen
32. Keratinozyten in der Haarmatrix
33. QQA Thymulin (Peptid)
34. QQA Trypsin
35. QQA Tryptase
36. Pathologische Zunahme von Mastzellen
37. In den Mastzellen enthaltene Serinproteasen Trypsin und Tryptase
38. QQA Pflanzenprotein
39. QQA Vitamin B und relevante Rezeptoren
40. QQA Vitamin E und relevante Rezeptoren
41. QQA Vitamin F und relevante Rezeptoren
42. Epidermale Stammzellen
43. QQA Prolactin
44. QQA Thyrotropin

Verjüngung

45. Ich befehle meiner Seele, meiner Thymusdüse, das Hormon für ewiges Leben dauerhaft zu bilden, zu synthetisieren.
46. QQA, Reparatur oder vollkommene Neubildung derjenigen Rezeptoren, die die Hormone für ewiges Leben aufnehmen.
47. Ich befehle meiner Seele, meiner Thymusdrüse, die Enzyme für immerwährende Jugend hervorzubringen.
48. QQA, Reparatur oder vollkommene Neubildung derjenigen Rezeptoren, die die Enzyme für ewige Jugend aufnehmen.
49. Thanatos-Hormon - Todeshormon

50. Athanatoshormon - Unsterblichkeitshormon
51. Physiologisches Athanatoshormon-Gen
52. Mutiertes Athanatoshormon-Gen
53. Zellrezeptoren und Zellrezeptorik für die Aufnahme von Athanatoshormon
54. Athanatoshormon-Antigen
55. Athanatos-Antikörper
56. QQA, Reparatur oder vollkommene Neubildung derjenigen Rezeptoren, die mein 1. (2.,3.,4.,5.,6.,7.) frühkindliches Hypophysenhormon aufnehmen
57. Synthese und Ausschüttung meines 1. (2.,3.,4.,5.,6.,7.,) frühkindliches Hypophysenhormons

Weitere COBIMAX-Abfragen:

1. Inaktive/insuffiziente Youthase Youthase = Enzym für dauerhafte Jugend
2. Inaktive/insuffiziente Youthase – Antikörper
3. Mutiertes Youthase-Gen
4. Dasjenige neue informative Peptid mit relevanten Rezeptoren, welches mein mutiertes Youthase-Gen ins Physiologische retour mutiert
5. Pathomodifizierter, insuffizienter Zellrezeptor für Youthase-Aufnahme
6. CASKAR-Stimulation zur Reparatur defekter, insuffizienter Youthase-Rezeptoren

1. inaktives/insuffizientes ELi -Hormon ELi-Hormon = Eternal-life-Hormon
2. toxisches mutiertes ELi-Hormon
3. mutierte ELi-Hormon Antikörper
4. mutiertes ELi-Hormon-Gen
5. Dasjenige neue informative Peptid mit relevanten Rezeptoren, welches mein mutiertes ELi-Hormon-Gen ins Physiologische retour mutiert
6. Pathomodifizierter, insuffizienter Zellrezeptor für Eli-Hormon-Aufnahme

Reparatur - und alterungsumkehr-frequentes Rosaviolett lässt meinen Körper das "Neuerschaffungs-Hormon" bilden.

Zellrezeptoren

Auf der Oberfläche einer menschlichen Zelle befinden sich zwischen 1.000 bis 10.000 Zellrezeptoren. Auf der Zellmembran im Äußeren und zum Teil im Inneren, im Bereich des Zellkerns sind Gebilde, die die Aufgabe haben, alle Nährstoffe, Signalstoffe, Hormone, die die Zelle im Inneren braucht, aufzufangen und entweder bis zur Zellmembran weiterzuführen oder auch durch die Zellmembran hindurchzuführen. Das ist die Aufgabe der Zellrezeptoren.

Einige Zellrezeptoren haben, ganz einfach gesagt, die Aufgabe, z.B. Calcium aufzunehmen. Ein Calcium-Rezeptor ist auch so gebaut, dass er tatsächlich nur Calcium-Atome und nichts anderes aufnehmen kann. Zumindest denken wir das so.

Die Nährstoffe oder Hormone, die durch die Blutbahn an die Zelle herankommen und dann von den diversen Rezeptoren aufgenommen werden, diese Zellrezeptoren funktionieren nach dem Schlüssel – Schloss - Prinzip. Das wiederum heißt, das Calcium-Atom, was in die Zelle möchte, kann nur eine solche Form haben, die in den Rezeptor passt.

Jetzt haben wir aber noch weitere 1.000 bis 10.000 Rezeptoren, die die unterschiedlichsten Hormone, Nährstoffe, Vitamine, Enzyme, Elektrolyte, alles Mögliche aufnehmen.

Der Hypothalamus, eine kleine Drüse im Mittelhirnbereich, hat viele biologischen Aufgaben im Körper. Er bildet u.a. sogenannte emotionale Neuropeptide. Im Klartext, ohne Fachchinesisch: Gefühlshormone.

Wenn Ihr z.B. eifersüchtig seid und das chemisch fühlt, wird das Gefühlshormon im Hypothalamus gebildet, über die Blutbahn weitergeleitet und von einem Rezeptor aufgenommen. Nun habt Ihr allerdings, wenn Ihr auf die Welt kommt, kaum einen Rezeptor für Eifersucht, kaum einen Rezeptor für Zorn, Wut, Hass.

Wenn ein Gefühlshormon das erste Mal in die Zelle hineinkommen will, muss es seine Form einem Zellrezeptor anpassen. Hinein kommt es ja nur über diese Schleusen, über diese Zellrezeptoren. Der Rezeptor, der wirklich am leichtesten zu knacken ist, ist der Calcium-Rezeptor. Sehr viele sich destruktiv auswirkende Emotionen, chemisch ausgedrückt als Gefühlshormone, nehmen dann über solche Zellrezeptoren, z.B. Natriumrezeptor, Calciumrezeptor, Phosphorrezeptor, Vitaminrezeptor, Eingang. Sie verändern dann ihre molekular-geometrische Struktur so, dass sie exakt z.B. einem Calciumatom ähneln und dort eindringen können.

Nach 2-3maliger Wiederholung passiert folgendes: Der Zellrezeptor, der ursprünglich Calcium aufgenommen hat, wird so modifiziert, sprich verändert, dass er plötzlich kein Calcium mehr aufnehmen kann, aber dafür das Gefühlshormon z.B. Eifersucht. Die Zelle innen drin sagt: *Ich brauche Calcium ohne Ende, mein Nucleus, mein Kern, braucht Calcium, um nervale Verbindungen herstellen zu können. Wenn Du Mensch da außen mir jetzt kein Calcium gibst, dann brauche ich wenigstens Fast-Food.* Fast-Food ist das Gefühlshormon. Die Zelle würde ohne das Calcium oder Magnesium absterben, weil das Gefühlshormon inzwischen die Zellrezeptoren so modifiziert hat, dass nur noch dieses Gefühlshormon eintreten kann. Die Zelle diktiert dem Menschen nach außen hin: *Du musst jetzt eifersüchtig sein, weil ja anstatt Calcium nur das Gefühlshormon Eifersucht hereinkommt.*

Nun sind es nicht nur die Gefühlshormone, die die Zellrezeptoren blockieren können. Durch Schwermetalle, durch Mikroben, durch ionisierende Strahlung oder karmisch-genetisch krank gemachte Zellrezeptoren lassen die notwendigen Nährstoffe ebenfalls nicht in die Zellen hinein. So haben wir in unserem Programm auch solche Abfragen, die die Zellrezeptoren wieder herstellen oder sogar neu wachsen lassen.

COBIMAX-Abfragen:

1. Qualität, Quantität und Aktivität derjenigen Zellrezeptoren, die Zellabfälle und Toxine ausleiten
Hyposensible Zellrezeptoren, die Zellabfälle und Toxine ausleiten
Normosensible Zellrezeptoren, die Zellabfälle und Toxine ausleiten
Durch emotionale Neuropeptide pathologisierte Zellrezeptoren, die Zellabfälle und Toxine ausleiten
Karmisch-genetisch pathologisierte Zellrezeptoren, die Zellabfälle und Toxine ausleiten
Durch Schwermetalle pathologisierte Zellrezeptoren, die Zellabfälle und Toxine ausleiten
Durch Mikroben pathologisierte Zellrezeptoren, die Zellabfälle und Toxine ausleiten
Durch ionisierende Strahlung pathologisierte Zellrezeptoren, die Zellabfälle und Toxine ausleiten
Neuwachsende Zellrezeptoren, die Zellabfälle und Toxine ausleiten

1. Optimaler Abtransport der Zellausscheidung über mein Bindegewebe
2. Zellrezeptoren und Zellrezeptorik für Mineralienaufnahme, Vitaminaufnahme, Hormonaufnahme
3. Zellrezeptoren und Zellrezeptorik für Elektrolytaufnahme
4. Störungsfreie Reizweiterleitung der Nervenimpulse durch Elektrolyte
5. Jeweils optimale gesunde Wasserstoffionenkonzentration in meinen verschiedenen Körperbereichen und Körperflüssigkeiten.
6. Q+Q+A derjenigen Zellrezeptoren, die Enzyme aufnehmen
Hyposensible Zellrezeptoren, die Enzyme aufnehmen
Normosensible Zellrezeptoren die Enzyme aufnehmen
Durch emotionale Neuropeptide pathologisierte Zellrezeptoren, die Enzyme aufnehmen
Karmisch-genetisch pathologisierte Zellrezeptoren, die Enzyme aufnehmen
Durch Schwermetalle pathologisierte Zellrezeptoren, die Enzyme aufnehmen
Durch Mikroben pathologisierte Zellrezeptoren, die Enzyme aufnehmen
Durch ionisierende Strahlung pathologisierte Zellrezeptoren, die Enzyme aufnehmen
Durch pathologisierte Zellrezeptoren für Enzymaufnahme gebildete Autoantikörper
Neuwachsende Zellrezeptoren, die Enzyme aufnehmen
7. Optimale Biosynthese von Kollagen, pathologische Kollagen-Biosynthese, Ursache pathologische Kollagen-Biosynthese, Kollagen-Antigene, Kollagen-Antikörper
8. Optimale gesunde Funktionen von Hyaluronan, Zellrezeptoren und Zellrezeptorik für Hyaluronan, Hyaluronan-

Antigene, Hyaluronan-Antikörper, mutiertes Hyaluronan-Gen, gealtertes Hyaluronan-Gen

9. QQA von Elastin , insbesondere in Lunge, Haut und in Blutgefäßen für optimale Elastizität.

10.Optimale Biosynthese und Funktion von Glutathion, perfekte gesunde Glutathion-Genetik, Glutathion Antigene, Glutathion-Antikörper

11.Omnihelikalzentrale Röhren-Elektronen-differenzierte Kieselerde

12.Omnihelikalzentrale Röhren-Elektronen-differenziertes Biotin, QQA Biotin, Biotin-Antigene, Biotin-Antikörper

13.Omnihelikalzentrale Röhren-Elektronen-differenziertes Riboflavin, QQA Riboflavin, Riboflavin – Antigene, Riboflavin-Antikörper

14.Omnihelikalzentrale Röhren-Elektronen-differenzierte Ascorbinsäure, QQA Ascorbinsäure, Ascorbinsäure-Antikörper

Auf www.connectdoor.de ist für Euch vorbereitet auf Level E:
Mineralien mit der Regeneration der passenden Zellrezeptoren

Auf Level H:
Vitamine mit der Regeneration der passenden Zellrezeptoren

Auf Level G:
Bausteine des Lebens, Aminosäuren und relevante Rezeptoren

Auch für jedermann als Frühjahrs- und Herbstkur bestens geeignet.

Verschiedene COBIMAX-Abfragen:

1.OPC (Pygnogenol) Bioflavonoid, hat antioxidative Eigenschaften

2.Vit. B 13 (Orotsäure) sorgt in Körperzellen für genügend Energie

3..Vit. P = Vit. C2 Vorbeugung vor Schädigung von freien Radikalen

4.Vit. B15 (Pangamsäure) Sauerstoffversorgung der Zellen und Entgiftung des Körpers von Abfallstoffen =verzögert den Alterungsprozess

5.Coenzym Q10 – Vitamin für anhaltende Zellenergie = Antioxidativum

6.Salicin – wirkt entzündlichen Prozessen entgegen, die Blutgefäße verkalken lassen

7.SOD (Superoxidismutase) Körpergewebe regeneriert sich innen und außen

8.Gerovital H3 =GH3 erzeugt Frieden und Harmonie im ZNS, verjüngt den Körper in Erscheinung und Gefühl

9.Adenoxine – reduzieren Falten

10.Östrogen – natürlicher Anti-Aging Schutz, regt Kollagenbildung an, verbessert die Durchblutung

11.Phytohormone = Biostoffe aus der Natur für Straffung der Haut

12.Gingkoblätter = halten den Alterungsprozess in Nervenzellen auf

13.Orientalische Glückspillen

14.Carrell´s Zellvitalisierung

15.Stoffe für Langlebigkeit aus dem Schildkrötenei

16.Schmetterlingsraupe

17.ADI 14 Herz und Langlebigkeit

18.Gedankenselektion

19.Anti-Aging-Seidenkosmetik

20.Cystus-Tee
21.Awerbuchs Aufguss Nr. 48 / T 111
22.Resveratrol (In Rotwein, Longevinex Rotweinkapseln)
23.Wachstumshormon
24.Anhebung von alkalischem PH-Wert
25.negative Ionen
26.negative elektromagnetische Felder
27.Glukose und Sauerstoff
28.Wasserversorgung
29.optimales Körperwasser
30.optimale Körperwasserstruktur
31.Sauerstoff in Gewebe und in den Zellen
32.NADH für Energieerzeugung in den Zellen
33.Viertes Siegel
34.Goji-Beeren
35.Sango – Korallenpulver
36.Noncha-Particles = Nonchanging P. = emotionale
Neuropeptide, Proteine, Moleküle, Gene als Überbleibsel:
Dies kann ich nicht verändern
37.Noncha-Virus
38.Diejenige emotionale Haltung, die Noncha-Partikel
hervorruft
39.REM- Reparaturschlaf
40.Nicht effizienter REM-Reparaturschlaf
41.Verzerrtes Idealbild von mir lässt die REM-
Reparaturschlaf-Hormone nicht in die passenden
Zellrezeptoren ein
42.Ordnung des Zentrums aller gegensätzlicher Dinge
43.Modifiziertes St.Germain-Langlebigkeitselixier
44.Optimale extrasynaptische Spalt-Verweildauer von
Serotonin

45.Notwendige Arnox-Enzym synthetisierende Gen-Ausschaltung

46.Freie Radikale/Superoxyd-Radikale/Hydroxyl-Radikale

47.Creme Juwelen

48. Ich bin schon immer die perfekte Omni-Partikel-Aufnahme/-Verweildauer und -Abgabe meines emotional-physischen Körpers

49. Ich habe schon immer sämtliche meinen jetzigen physischen Körper erinnernden karmischen Muttermale in meinem Neuronetz ausgeschaltet

50. Ich habe schon immer die perfekte General-Rejuvenation meines physischen Körpers und all meiner physischen Zellen durch Raupe-zu-Schmetterling-Metamorphose über die 7 Körperbewusstseinsanbindungen in jeder einzelnen all meiner Zellen vollzogen.

51. Diejenigen Stresshormone, die beschleunigtes Altern hervorrufen

52. B+F, QQA meiner Zwischenzellflüssigkeit und alle pathologischen Veränderungen auf oder durch meine Zwischenzell-Flüssigkeit

53. B+F, QQA meiner Bindegewebszellen und alle pathologische Veränderungen auf oder durch meine Bindegewebszellen

54. B+F, QQA meiner Lymphbahnen, Lymphknoten und Lymphflüssigkeit

55. Optimale Nährstoffversorgung meiner Organzellen

56. Stimulierung meines FOXO3 – Gens, Langlebigkeits-Gen

REJUVENATION
FREIE RADIKALE & PEROXISOMEN
FULLERENE CARBON C60 und Variationen

1. Quantität, Qualität, Aktivität meiner Peroxisomen *(Sie verbrauchen in vielfältigen Stoffwechselfunktionen Sauerstoff und sind die wichtigsten Entgiftungsorganellen der Zellen)*
2. Physiologische Größe meiner Peroxisomen
3. Physiologische Proteinausstattung meiner Peroxisomen
4. Bau und Funktion meiner Peroxisom umhüllenden Vesikel-Membran
5. Quantität, Qualität, Aktivität der peroxisomalen Enzyme für den Stoffwechsel von Wasserstoffperoxid
6. Durch Wasserstoffperoxid zerstörte Biomoleküle
7. Pathologische Glucoseversorgung meiner Zelle, führt zu peroxisomalen Abweichungen
8. Hypoaktive Peroxisomen
9. Pathoaktive Peroxisomen
10. Hyperaktive Peroxisomen
11. Physiologischer oxidativer Abbau von Fettsäuren durch meine Peroxisomen
12. Meine Peroxisomen katalysieren notwendige Schritte bei der Biosynthese von Lipiden der Myelinscheiden meiner Nerven *(Multiple Sklerose-relevant!)*.
13. Physiologischer oxidativer Abbau von Ethanol (Alkohol) durch meine Peroxisomen
14. Freie Sauerstoff-Radikale
15. Intrazelluläre Schäden durch freie Sauerstoff-Radikale
16. Extrazelluläre Schäden durch freie Sauerstoff-Radikale

17. RNA (= Ribonukleinsäure)-Schädigung durch freie Sauerstoff-Radikale

18. DNA (= Desoxyribonukleinsäure)-Schädigung durch freie Sauerstoff-Radikale

19. Notwendiges Carbon C60 *(= ist ein sehr effizienter Radikalen-Fänger)*

20. Resveratrol neutralisiert freie Sauerstoff-Radikale

21. Tranresveratrol neutralisiert freie Sauerstoff-Radikale

22. Pathologisierendes Wasserstoffperoxid

23. Nicht physiologisch weiterzerlegtes Wasserstoffperoxid

24. Erythrozytär gebundene, pathologisierende freie Sauerstoff-Radikale

25. Durch freie Radikale geschädigte, verkürzte Telomere *(Endstücke der Chromosomen)*

26. Insuffiziente Katalase *(= ein Enzym, das Wasserstoffperoxid zu Sauerstoff und Wasser umsetzt)*

27. Katalase lässt peroxisomales Wasserstoffperoxid durch eine Disproportionierungsreaktion in Wasser und Sauerstoff zerfallen

28. Quantität, Qualität, Aktivität meiner Katalase

29. Physiologische Katalase meiner Leberzellen

30. Physiologische Katalase meiner Nierenzellen

31. Physiologische Katalase meiner Erythrozyten

32. Genetisch mutierte Katalase/ mutiertes CAT-Gen

33. Katalase geschädigtes Genom/ Erbgut

34. Katalase geschädigte Proteine

35. Hypokatalsie *(= zu wenig Katalase)*

36. Akatalasie *(komplettes fehlen von Katalase)*

37. Physiologische peroxisomale alpha-Oxidation meiner Phytansäure

38. Physiologische peroxisomale beta-Oxidation sehr langkettiger, mehrfach ungesättigter Fettsäuren
39. Physiologische peroxisomale Biosynthese von Plasmalogenen
40. Physiologische peroxisomale Konjugation von Cholsäure im Rahmen der Gallensäuresynthese.
41. Peroxisomal benötigte Enzyme werden physiologisch in meinem Zytosol *(flüssiger Zellbestandteil)* synthetisiert und dann in meine Peroxisomen transportiert.

Und zum Schluss noch ein Schmankerl:

Teure Cremes zu Anti-Aging

Liquid Surgery Serum von MBR 4.200,- €

The Essence, La Mar   2.155,- €

Jeweled Skin Caviar Luxus 2.000.- €

The Cream, Kanabi 595,- €

Repair Cream, Erno Laszlo 325,- €

Wir Cobimax-Anwender testen diese Cremes auf ihren Nutzen.

Was ist COBIMAX?

Die „Communikations- Biologische Matrix", kurz „COBIMAX", wurde von Bernd Laudenbach im Jahr 1998 entwickelt. Es handelt sich hierbei um ein Kommunikations- und Therapieverfahren, das es ermöglicht, eine große Vielfalt an körperlichen sowie emotionalen Erkrankungen anzugehen. Ohne Hypnose, ohne Meditation, ohne maschinelle Hilfsmittel. Hier ist ein Weg zur Selbsthilfe und Selbstheilung offen. Denn genau so will COBIMAX verstanden werden: das Wissen über die Krankheitsursache aus dem eigenen Kopf des Menschen, die heilende Kraft aus dem eigenen Körper, genau das ist der Schlüssel zum Erfolg dieser Therapie.
Seit 2005 wird COBIMAX auch in Lehrgängen weitergegeben, zur Eigenanwendung oder zur Anwendung in der therapeutischen Praxis.

COBIMAX® macht's möglich!

Fassen wir zusammen:
COBIMAX (Communikations-Biologische Matrix) ist also ein Kommunikations- und Therapieverfahren, das es ermöglicht, bei Mensch, Tier und Pflanze eine große Bandbreite unterschiedlichster „Krankheiten" auf körperlicher und emotionaler Ebene anzugehen.
Es funktioniert ohne maschinelle Hilfsmittel oder computergestützte Programme und richtet sich an die individuellen körperlichen und emotionalen Ebenen.
Es erkennt jegliche Fehlfunktionen und aktiviert umgehend die Selbstheilungskräfte.

Es ist ein mentales Verfahren, das den Anwender/ Therapeuten befähigt, mit Hilfe seines Kleinhirnbewusstseins Zugang zum autonomen Nervensystem des Patienten zu bekommen. Dieses Kommunikationswerkzeug reduziert alle Sprachen der Welt auf ihre elementare Funktion: die Erzeugung von Bildern (Hologrammen) durch das Gehirn.

Nach Ansichten der Quantenphysik (Roger Penrose, Stuart Hameroff) reproduziert sich unser biologischer Körper in etwa 42-mal pro Sekunde. Diese Reproduktion ermöglicht dieser Methode den Zugriff zur Schnittstelle innere/äußere Realität, um Verbesserungsvorschläge in Form von Hologrammen über das Unterbewusstsein des Kleinhirns einzuspeisen.

Wie unterschiedliche Gehirnteile "Zeit" völlig verschieden wahrnehmen und entsprechend verarbeiten, wie ein in unserem Kleinhirn sitzendes Bewusstsein anscheinend Wunder wirkt und wie sich all das praktisch anfühlt, wird nicht nur erklärt, sondern der Mensch erfährt und erlebt es direkt.

Durch COBIMAX können u.a. destruktive Gedankenmuster und Emotionen identifiziert, lokalisiert und reguliert werden. Hieraus kann der Anwender direkte Zusammenhänge erkennen, die eine lückenlose Beweisführung zulassen, inwieweit ein destruktives Gefühl die Zellelektrizität, die Zellchemie und die Zellfunktion nachteilig verändert.
Entgegen herkömmlicher wissenschaftlicher Erkenntnis kann mittels COBIMAX das autonome Nervensystem willentlich gesteuert werden.
Das Hauptwerkzeug von COBIMAX sind kleinste Zellbestandteile (Mikrotubuli) im Körper, die die Fähigkeit besitzen, in jeder Geschwindigkeit und Stärke zu schwingen. Gerade dieses Zellschwingen ermöglicht es, unterschiedliche Vorgänge in den Organen bis in die Zelle hinein zu kontrollieren. So wird dadurch beispielsweise ein Eliminieren von Mikroben erreicht sowie ein Wieder-Ordnen von emotional verursachten Zellfehlfunktionen ermöglicht.

Haargenau das gleiche Vorgehen (Wissen) praktizieren Naturvölker wie die Aborigines schon seit Jahrtausenden.

COBIMAX verbindet den Anwender mit dem grenzenlosen inneren Wissen, zu dem jeder Mensch Zugang erhält, sobald er mit dynamischer Intelligenz verbunden ist. Dieser bewusstseinserweiternde Zustand führt zu einer Zeitbeschleunigung, und daher kann der Einzelne sofort Einfluss auf Zell- und Organfunktionen nehmen.

Das bedeutet, dass jede Person, die eine körperliche und/oder geistige Veränderung herbeiführen möchte, dies durch COBIMAX erreichen kann. Vorausgesetzt, es handelt sich dabei - im biologischen Sinne - um eine Verbesserung.

COBIMAX fördert in höchstem Maße die physische und psychische Autonomie des Menschen.

Lernt die vielfältigen Einsatzmöglichkeiten Eures dynamischen Bewusstseins kennen!

Ursprungssprache

 Bernd Laudenbach suchte seit seinem 9. Lebensjahr nach einer vereinheitlichenden Sprache, die alle Menschen sprechen. Gibt es eine Sprache, die vollkommen ohne Verbalik auskommt?

Jahre später lag er nachts schlafend in seinem Bett. Im Traum, der ihm äußerst real erschien, schwebte er an der Zimmerdecke und sah sich neben seiner Frau liegend. Sein erster Gedanke war, so sieht es aus, wenn man stirbt. Im nächsten Moment fühlte er sich wie von einem Gummiband durch einen beleuchteten Tunnel gezogen und fiel auf Wüstensand. Zwei Aborigines kamen auf ihn zu, blickten ihm tief in die Augen und zeichneten mit feinen Stöckchen Zeichen auf seine Beine. Blut tropfte in den Sand.

Kurz darauf wurde er wieder durch diesen Tunnel zurück in seinen Körper gezogen, was mit lauten Geräuschen verbunden war. Er wachte auf und blutete aus Ohren und Nase.

Dies geschah insgesamt drei Mal in fünf aufeinander folgenden Nächten.

Erst eineinhalb Jahre später begriff er, was diese Zeichen bedeuten: Es war die von ihm gesuchte Kommunikation, die alle Lebewesen verstehen.

Herausgefunden hatte er in seiner eigenen Forschungsarbeit, wie diese Kommunikation funktioniert, wie diese anzuwenden ist und baute daraus seine Kommunikations- und Therapieform COBIMAX auf.

„Zaubern" lernen?

Bernd Laudenbach prüfte und hinterfragte konsequent den menschlichen Körper und die Psyche und erarbeitete so die Communikations-Biologische Matrix, kurz COBIMAX®.

Du willst selbst „zaubern" lernen?
Dann kannst Du das auf der Erde
erlernen.

So mancher Leser mag unsere ConnectDoor-Büchlein als eine Werbemaßnahme sehen. Es ist uns aber viel mehr ein Anliegen, den Menschen zu vermitteln, dass jeder selbst alle Voraussetzungen in seinem Kopf hat, die er benötigt, um direkt und effektiv mit seinem Unterbewusstsein zu kommunizieren und Verbesserungen in seinem Leben zu erzielen. Das funktioniert aber nur, wenn die Gehirnverbindungen, die dazu nötig sind, wieder hergestellt werden.

So wie nicht jeder Mensch Arzt wird und eine Praxis eröffnet, so wird auch nicht jeder Mensch den Wunsch haben, ein COBIMAX-Anwender zu werden. Zumindest ist es aber wichtig, zu wissen, wo er Hilfe finden kann.

Bereits ausgebildete COBIMAX-Berater und COBIMAX-Therapeuten stehen Dir auch gerne zur Seite.
Kontaktdaten auf Anfrage.

Was es bedeutet, ein COBIMAX-Anwender zu sein

„Wir COBIMAX-Anwender müssen verstehen, dass wir durch den „cobimaximierten" Anschluss an unser Kleinhirn direkten Zugang zu einer höheren Instanz, dem Kleinhirnbewusstsein, haben. Jeder Gedanke, der eine Korrekturabsicht beinhaltet und damit eine Verbesserung des biologischen Organismus unseres Gegenübers bedeutet, wird sofort von dessen Kleinhirnbewusstsein aufgegriffen und dieses lässt unter seiner Kontrolle einen Korrekturvorgang über die Mikrotubuli durchführen.

Eine vorsätzliche oder unbeabsichtigte Schädigung eines anderen Organismus ist mit dem COBIMAX-System nicht möglich, da ein höheres Bewusstsein, das absolut neutral ist, nämlich das Kleinhirnbewusstsein, entscheidet, ob eine COBIMAX-Eingabe durchgeführt wird oder nicht. Somit kann dem COBIMAX-Anwender auch kein Fehler unterlaufen.

Die Frage der Ethik taucht auch immer wieder auf. Jeder COBIMAX-Anwender muss auf seine eigenen ethischen Grundsätze zurückgreifen. Bei einem Hilfesuchenden ist es klar, dass wir auf dessen Wunsch zielgerichtet intervenieren können."

Wie wird man ein COBIMAX-Anwender?

Lehrgang zur autorisierten Nutzung von COBIMAX® mit COBIMAX-Initiierung durch Bernd Laudenbach

COBIMAX ist ein Geschenk der Natur, das jedem Menschen in die Wiege gelegt wird.
So besitzt also jeder Mensch von Geburt an die Fähigkeit durch Gedanken den Körper zu heilen. Sehr früh schon im Leben macht der Mensch unterschiedlichste Erfahrungen.
Da Menschen so konditioniert werden, jegliche Erfahrung emotional zu bewerten, sind es im Laufe des Erwachsenwerdens genau diese im Gehirn gespeicherten emotionalen Beurteilungen, die von der Fähigkeit, sich selbst zu heilen, wieder abtrennen.

COBIMAX baut die Verbindung zum alle Menschen umfassenden Kollektiv-Bewusstsein wieder auf: Dieses höhere Bewusstsein, das bei jedem Menschen im Kleinhirn sitzt, ist der tatsächliche HEILER, der bei allen „Cobimaximierungen" in Aktion tritt.

Der COBIMAX-Lehrgang befähigt den Absolventen zum permanenten Zugriff auf dynamische Intelligenz.
Die erreichte Bewusstseinserweiterung ermöglicht die direkte Einflussnahme auf das autonome Nervensystem, die Organsteuerung und Zellsteuerung eines jeden Menschen.
Gedankenprozesse werden ebenso konstruktiv optimiert.
Dem Lehrgangsabgänger öffnen sich mittels COBIMAX Wege, die ein forciertes Weiterentwickeln der eigenen Persönlichkeit, der Gesundheit und der Autonomie erleichtern.
Selbstverständlich kann der COBIMAX-Anwender dies auch für andere Menschen erreichen.

Der erfolgreiche Abschluss beschert jedem Teilnehmer äußerste Effizienz, indem Gehirnareale willentlich nutzbar gemacht werden, zu dem der Mensch bisher keinen direkten

Zugang hatte. Er verbindet die Anwender mit grenzenlosem innerem Wissen und mit dem kollektiven menschlichen Bewusstsein.

**So wie die Krankheit in unserem Körper steckt,
ist auch die Lösung in ihm enthalten.**
Bernd Laudenbach

Die Autoren

Bernd Laudenbach
(Jahrgang 1959), ist ursprünglich ausgebildeter Masseur und besuchte später eine Ausbildung zum Heilpraktiker. Bereits während seiner Berufsausübung als Masseur suchte er nach Möglichkeiten, pathologische körperliche Veränderungen nachhaltig zu optimieren. Obwohl dies unmöglich schien, haben Bernd Laudenbachs Neugierde und Beharrlichkeit ihn dazu bewogen, bisherige Erkenntnisse und Annahmen, die den menschlichen Organismus und die Psyche betreffen, gründlich zu prüfen und konsequent zu hinterfragen.

Aufgrund der Erforschung des eigenen Körpers und der eigenen Psyche sowie einer stetigen Selbsthinterfragung hat Bernd Laudenbach darauf aufbauend die Communikations-Biologische Matrix COBIMAX erarbeitet.

Als er Anfang der neunziger Jahre mit den Versuchen zur Aktivierung seiner Selbstheilungskräfte begann, dachte er weder daran, andere Menschen einmal behandeln zu können, noch dieses Wissen bzw. das Werkzeug anderen Interessierten zur Therapieanwendung zur Verfügung zu stellen.

Seit 1999 behandelt er Tausende Hilfesuchende mit Erfolg und seit 2005 bildet er zusätzlich COBIMAX-Therapeutinnen und -Therapeuten aus.

COBIMAX ist eine ursprüngliche Kommunikationsform der Natur, die zielgerichtet Selbstheilungskräfte aktiviert und diese zu präzis gesteuerten Veränderungen im Körper nutzt.

Inge Friedrich
(Jahrgang 1947) ursprünglich tätig in der medizinischen Forschung eines Pharma-Unternehmens, lernte Bernd Laudenbach und seine Kommunikations- und Therapiemethode Communikations-Biologische Matrix COBIMAX im Jahr 2003 kennen. Durch die verblüffenden Ergebnisse von COBIMAX, auch bei Austherapierten, wurde ihr Forschergeist geweckt und sie veranstaltete Vorträge und Ausstellungen mit Bernd Laudenbach. Anfang 2005 erhielt sie die Möglichkeit, eine Ausbildung bei Bernd Laudenbach zu absolvieren, um dann selbstständig als COBIMAX-Beraterin zu arbeiten.

Neben der COBIMAX-Beratung hält sie Vorträge und Workshops und begleitete viele Jahre Bernd Laudenbach bei seinen Lehrgängen zur autorisierten Nutzung von COBIMAX.

Weitere Taschenbücher z. Teil mit cobimaximierten Bildern :

ConnectDoor - Zugang zu einer anderen Dimension
Die Macht der Gefühle
ISBN 978-3-7357-8011-9

ConnectDoor - Zugang zur nächsten Dimension
Rund um Bakterien, Viren & Co.
ISBN 978-3-7347-3244-7

ConnectDoor - Zugang zu einer weiteren Dimension
Stress minimieren-Erfolg maximieren
ISBN 978-3-7347-7381-5

ConnectDoor - Zugang zu außergewöhnlichen Dimensionen :
Von geschmeidig über echt schräg zu voll krass
ISBN 978-3-7386-1740-5

ConnectDoor - Zugang zu meinem Humanarchitekten
Die große Liebe meines Lebens
ISBN 978-3-7412-0540-8

ConnectDoor - Zugang zum Geschenk der Natur
Einsatz bei Tier und Pflanze
ISBN 978-3-7528-3496-3

ConnectDoor - Zugang zum Geheimnis der Zahlen
Einfluss der Zahlen auf Denken, Fühlen und Handeln
ISBN 978-3-7448-2223-7

ConnectDoor - Zugang zu einer verzwickten Dimension
Liebe und Partnerschaft
ISBN 978-3-7481-8853-7

ConnectDoor - Zugang zu einer vergessenen Dimension
Essen hält Leib und Seele zusammen
ISBN 978-3-7494-5171-5

ConnectDoor - Zugang zu einer höheren Dimension
Wer ist ICH?
ISBN 978-3-7494-5393-1

ConnectDoor - Zugang zu einer magischen Dimension
Zaubersprüche für Jung und Alt
ISBN 978-3-7504-1039-8

ConnectDoor - Zugang zu unmöglichen Dimensionen
Telepathie – ungewollt!
ISBN 978-3-7519-7894-1

ConnectDoor – Zugang zur Fünften Dimension
Die Erde im Bann der Mondmatrix
ISBN 978-3-7519-3215-8

ConnectDoor – Zugang zu inneren Dimensionen
Seit Adam und Eva ist der Wurm drin
ISBN 978-3-7534-5765-9

ConnectDoor – Zugang zu tiefen Dimensionen
Die Dämonen der Seele
ISBN 978-3-7543-7413-9

ConnectDoor – Zugang zu uralten Dimensionen
Verfluchungen, Verwünschungen, Voodoo –
gibt es das wirklich?
ISBN 978-3-7557-0745-5

Kontaktdaten:

Cen-Tooh, der Therapeut : www.connectdoor.de

COBIMAX, Bernd Laudenbach: www.cobimax.com
Frankurter Str. 43, 36391 Sinntal-Altengronau
Tel. 06665 918688
E-Mail: bernd.laudenbach@cobimax.com

COBIMAX, Inge Friedrich: www.inge-friedrich.de
Hähnleiner Str. 4, 64673 Zwingenberg
Tel. 0049 172 763 7112
E-Mail: inge.friedrich@cobimax.com

Bilder:
Cen-Tooh: ©*HitToon.com-Fotolia.com*
Pixabay